STALIN

L'uomo d'acciaio

50MINUTES.com

STALIN

L'uomo d'acciaio

scritto da Aude Perrineau
tradotto par Sara Rossi

50MINUTES.com

STALIN

INTRODUZIONE

Iossif (Joseph) Vissarionovich Djougachvili, noto come Stalin, è uno dei politici più conosciuti al mondo. Segretario generale del Partito Comunista dell'Unione Sovietica dal 1922, poi leader dell'URSS dal 1924 al 1953, riuscì a dominare il suo Paese, poi mezza Europa, prima di incoraggiare l'estensione del comunismo nel resto del mondo.

Nato in povertà nelle profondità della Georgia ed espulso dalla scuola religiosa, Stalin iniziò la sua carriera come gangster. Dopo la Rivoluzione russa e il rovesciamento del regime zarista, si unì al circolo ristretto dei nuovi leader socialisti prima di prendere il potere e instaurare un regime dittatoriale e repressivo. Con Stalin, il brillante futuro della rivoluzione si trasformò in un incubo. È diventato il simbolo del comunismo estremo, l'incarnazione della barbarie moderna, e ha fatto dell'URSS il modello del totalitarismo. Il suo regno si distingue per la durata e la profondità della sua azione, che lo rendono il politico che ha avuto il maggiore impatto sul XX secolo.

Dopo la sua morte e la rivelazione della portata dei suoi crimini, quella che era probabilmente la più grande utopia del secolo crolla. Eppure, a distanza di anni dalla sua morte, l'uomo continua a esercitare un certo fascino. Dopo la caduta dell'URSS, la sua popolarità è stata rinvigorita in Russia, dove la sua eredità viene rivisitata e idealizzata.

INFORMAZIONI CHIAVE

- **Nascita:** 6 dicembre 1878 — ufficialmente 21 dicembre 1879 — a Gori (Georgia, Impero russo).
- **Morte:** 5 marzo 1953 a Mosca.
- **Fatti degni di nota:**
    - L'instaurazione del comunismo in URSS.
    - L'instaurazione di un regime dittatoriale e repressivo.
    - L'industrializzazione accelerata dell'URSS e la collettivizzazione delle terre.
    - Il contributo alla vittoria alleata nella Seconda guerra mondiale (1939-1945).
    - L'amministrazione fiduciaria dell'Europa orientale e lo scoppio della guerra fredda (1947-1991).

L'UOMO DAI MILLE SOPRANNOMI

Durante la sua vita, Iossif Djougachvili ebbe molti soprannomi e pseudonimi. Se durante l'infanzia si faceva chiamare Sosso (diminutivo di Giuseppe), quando si dette alla clandestinità prese il nome di Koba (bandito d'onore, eroe di un romanzo d'avventura caucasico). Alla fine adottò il cognome Stalin, formato dalla parola russa *stal*, che significa "acciaio": Stalin o l'uomo d'acciaio.

BIOGRAFIA

DALLA CHIESA AL MARXISMO

Stalin nacque il 6 dicembre 1978 in una famiglia molto modesta nella città di Gori, in Georgia. Sua madre, Ekaterina Gueladze (1858-1937), era una donna molto pia, ambiziosa e protettiva che lavorava come domestica per famiglie benestanti. Suo padre, Vissarion Dzhugashvili (ca. 1850-1906/1909), era un ciabattino brutale e alcolizzato. Sebbene la coppia avesse avuto quattro figli, solo Stalin sopravvisse nonostante la sua salute cagionevole: il vaiolo contratto durante l'infanzia gli lasciò un volto incrinato che venne accuratamente truccato nei ritratti ufficiali, mentre un incidente con un carro gli lesionò irrimediabilmente il braccio sinistro.

Stalin frequentò la scuola religiosa di Gori e poi il seminario di Tiflis (Tbilisi, la capitale della Georgia), dove dimostrò di avere un grande talento accademico. Sebbene fosse un grande lettore e un buon attore, era anche un bambino difficile, autoritario, litigioso, arrogante e spietato, che rifiutava qualsiasi forma di obbedienza. Si comportò bene a scuola fino al 1897, quando perse interesse per gli studi e la politica e perse la fede. Due anni dopo fu licenziato, ponendo fine al sogno della madre di farlo diventare vescovo.

DALLA CLANDESTINITÀ AL POTERE SUPREMO

Stalin iniziò quindi a militare nei gruppi socialisti clandestini delle grandi città operaie del Caucaso, fomentando l'agitazione e moltiplicando gli appelli allo sciopero. Nell'aprile 1902 fu arrestato dall'Okhrana (la polizia politica zarista) e condannato a tre anni di esilio in Siberia. Dopo la fuga, si unì al movimento bolscevico (un movimento politico che mirava a preparare una rivoluzione socialista in Russia basandosi sull'alleanza tra contadini e operai) e incontrò il suo fondatore Lenin (leader socialista rivoluzionario russo, 1870-1924) per la prima volta nel 1905. Tra il 1908 e il 1913, il coinvolgimento di Stalin in varie rapine ed estorsioni (note come "espropri rivoluzionari", per alimentare le casse del partito bolscevico) gli valse diversi arresti e condanne, ma anche il riconoscimento dei suoi colleghi.

Dopo la Rivoluzione russa del 1917 e la presa di potere dei bolscevichi, fu nominato commissario del popolo per le nazionalità nel nuovo governo di Lenin. Durante la guerra civile (1918-1922) che seguì, gli furono affidate missioni speciali per combattere gli oppositori del nuovo regime. Si distinse per la sua ossessione per i complotti, gli arresti arbitrari, le condanne senza processo, le sanguinose rappresaglie e gli scarsi risultati militari. Nel marzo 1919 divenne uno dei cinque membri del neonato Politburo (ufficio esecutivo del Comitato centrale del Partito comunista sovietico), insieme a Lenin e Trotsky (politico sovietico, 1879-1940), e poi Segretario generale del Partito comunista dell'URSS nel 1922. Due anni dopo, alla morte di Lenin, riuscì a eliminare i suoi diretti avversari al potere e assunse la guida dello Stato.

UNA VITA PERSONALE CAOTICA

La vita familiare di Stalin fu un riflesso caotico e tragico del resto della sua vita. Nel 1906 sposò Ekaterina Svanidze (1885-1907), che morì di malattia l'anno successivo, lasciandogli un figlio, Yakov (1907-1943), che disprezzava e per il quale rifiutò uno scambio di prigionieri con i tedeschi durante la Seconda guerra mondiale. Dopo la rivoluzione si risposò con Nadezhda Alliluyeva (1901-1932), che si suicidò nel 1932. Il figlio, Vasilij (1921-1962), divenne noto nell'aviazione dell'Armata Rossa per la sua indisciplina, l'alcolismo e la dissolutezza. Quanto all'amata figlia Svetlana (1926-2011), chiese asilo politico negli Stati Uniti e vi si stabilì nel 1967.

LO SAPEVATE?

Stalin viene descritto come un gran lavoratore che si accontentava di uno stile di vita spartano. Viveva a orari scaglionati (12-4 del mattino) e imponeva questo ritmo di vita ai suoi principali collaboratori. Grande lettore, possedeva una biblioteca di diverse migliaia di volumi, tra cui i grandi classici della letteratura russa ed europea. Era anche un grande appassionato di musica e di cinema.

TRENT'ANNI DI DITTATURA

Una volta raggiunto il vertice dello Stato, impose il suo potere personale e instaurò un regime comunista totalitario. La terra e i mezzi di produzione furono nazionalizzati e utilizzati per l'industrializzazione accelerata del Paese. Gli oppositori veri o presunti furono eliminati o inviati nei campi di lavoro durante le grandi purghe, e le popolazioni che protestavano o erano sospettose furono deportate in regioni isolate. Anche la religione fu bandita e la vita culturale fu messa al servizio del nuovo regime e del culto della personalità del suo leader.

Dopo l'invasione tedesca del giugno 1941 durante la Seconda guerra mondiale, l'URSS entrò in guerra al fianco degli Alleati. Lo Stato aveva ridotto in una certa misura la pressione ideologica sulla popolazione, esacerbando al contempo il sentimento nazionalista contro l'invasore. Con la vittoria finale, l'URSS entrò nella cerchia delle grandi potenze. Questa vittoria rafforzò anche la popolarità di Stalin in patria, favorendo e accentuando il culto della sua personalità. Ma la devastazione del Paese e l'irrigidimento ideologico che caratterizzò gli anni successivi fecero crollare le speranze della popolazione di una vita migliore dopo la guerra.

Con la fine della minaccia nazista, il conflitto ideologico tra capitalisti e comunisti si riaccese. Le democrazie occidentali si organizzarono allora per contrastare il desiderio di espansione comunista nel mondo: fu l'inizio della Guerra Fredda.

Invecchiato e fisicamente provato, Stalin morì per un ictus il 5 marzo 1953 nella sua casa di Kountsevo (distretto municipale di Mosca), solo pochi anni dopo l'inizio delle ostilità e la formazione dei due blocchi.

CONTESTO

L'IMPERO RUSSO IN CRISI

Al momento della nascita di Stalin, l'Impero russo (che allora comprendeva la Finlandia, gli Stati baltici, parte della Polonia, la Bielorussia, l'Ucraina, il Caucaso e una parte significativa dell'Asia centrale) era governato dalla dinastia Romanov da quasi 300 anni. Mentre lo Stato attraversava un periodo difficile e il suo modello politico veniva messo in discussione, gli zar rifiutarono di istituire un governo parlamentare o costituzionale, radicando ulteriormente il Paese nell'autocrazia e nella stasi. Alessandro II (1818-1881), soprannominato lo zar riformatore, avviò un programma di riforme che fu interrotto dal suo assassinio e dall'opposizione del figlio, il futuro Alessandro III (1845-1894). Alla fine del suo regno, quest'ultimo lasciò al proprio successore, Nicola II (1868-1918), uno Stato immerso in una grave crisi sociale, politica, agraria e industriale.

Le tensioni crebbero e arrivarono al culmine quando il 22 gennaio 1905, a San Pietroburgo, la guardia aprì il fuoco su una manifestazione di lavoratori che chiedevano allo zar maggiore giustizia sociale. Questo evento, noto come "domenica rossa", fu il punto di partenza per i crescenti disordini che avrebbero portato alla rivoluzione un decennio dopo. Seguirono diverse ondate di scioperi nelle grandi città e rivolte contadine nelle campagne. In ottobre, lo zar acconsentì alla creazione di una costituzione e di un parlamento eletto, la Duma, che in pratica non aveva quasi alcun potere.

LO SVILUPPO DELLE IDEE SOCIALISTE IN RUSSIA

All'inizio del XX secolo, la maggioranza dei russi istruiti desiderava cambiamenti politici simili a quelli in atto altrove in Europa e aspirava a un maggiore coinvolgimento nella vita pubblica e alla liberazione del popolo. Tuttavia, accanto ai movimenti moderati, che chiedevano riforme all'interno del sistema esistente, stavano emergendo movimenti più radicali, che chiedevano un completo rovesciamento del regime. Questi movimenti rifiutavano il percorso capitalistico seguito dai Paesi dell'Europa occidentale e militavano per l'instaurazione del socialismo.

I socialdemocratici russi fondarono il loro primo partito nel 1898. Si ispirarono alle idee di Karl Marx (teorico e rivoluzionario socialista tedesco, 1818-1883), introdotte in Russia alla fine del XIX secolo, e sognarono di instaurare una società senza classi attraverso una rivoluzione proletaria. Nel 1903 si divisero tra i bolscevichi, guidati da Lenin, che volevano la creazione di un partito centralizzato e gerarchico e una rivoluzione socialista immediata, e i menscevichi, guidati da Yuli Martov (1873-1923), che favorivano una grande manifestazione popolare e una transizione graduale al socialismo. Questi partiti di opposizione lavoravano clandestinamente per diffondere le loro idee. Gli scioperi furono vietati e violentemente repressi, mentre i sindacalisti e gli oppositori furono braccati dalla polizia zarista.

DALL'IMPERO RUSSO ALL'URSS

L'Esercito Imperiale entrò nella Prima Guerra Mondiale (1914-1918) contro la Germania e l'Austria-Ungheria e subì molte sconfitte e notevoli perdite tra il 1914 e il 1916. La demoralizzazione e le carenze portarono a scioperi e sommosse nelle principali città all'inizio del 1917. I deputati della Duma chiesero quindi l'abdicazione dello zar, che cedette alle loro richieste il 15 marzo 1917: era la Rivoluzione di febbraio. Un governo provvisorio fu formato dalla Duma, ma la sua autorità era debole e c'era una grande disorganizzazione in tutto il Paese.

Lenin promosse quindi l'idea di rovesciare il governo provvisorio con un'insurrezione armata, e radunò a sé i principali leader bolscevichi: era la Rivoluzione d'Ottobre. Gli insorti si impadronirono di punti strategici di San Pietroburgo e assaltarono il Palazzo d'Inverno, dove aveva sede il governo provvisorio, la sera del 6 novembre. Fu un vero e proprio colpo di Stato di cui il mondo fu testimone. Il mattino seguente, Lenin annunciò che i bolscevichi avevano preso il potere. Era ora a capo del nuovo governo, nel quale affidò a Stalin la carica di commissario del popolo per le nazionalità. Pochi mesi dopo, i bolscevichi posero fine alla guerra con la Germania con il Trattato di Brest-Litovsk (3 marzo 1918), a costo di pesanti perdite territoriali. A seguito di ciò, fu creata l'Armata Rossa e la capitale fu trasferita a Mosca.

Appena insediato, il nuovo regime dovette già affrontare una violenta opposizione, anche da parte dei lavoratori. Inoltre, dovette affrontare la resistenza di partiti opposti:

i socialisti rivoluzionari formarono un governo indipendente, mentre gli ufficiali zaristi crearono un proprio esercito. L'Armata Bianca (che si opponeva ai bolscevichi) e l'Armata Rossa si scontrarono, facendo sprofondare il Paese nella guerra civile. Le potenze straniere, apertamente ostili al bolscevismo, sostennero l'Armata Bianca inviando contingenti militari, prima di intervenire armando i generali bianchi. I conflitti militari terminarono solo nel novembre 1920 con la vittoria dei rossi.

Nel dicembre 1922, il nuovo Stato – che comprendeva Russia, Ucraina, Bielorussia e Transcaucasia – adottò il nome URSS (Unione delle Repubbliche Socialiste Sovietiche) e una costituzione all'inizio del 1924. Il Partito bolscevico prese il nome di Partito comunista e divenne l'unico partito legale.

L'UTOPIA DELLA RIVOLUZIONE MONDIALE E LA COSTRUZIONE DEL SOCIALISMO

Per Lenin e Trotsky, la rivoluzione sovietica era solo il punto di partenza di un movimento più ampio, la rivoluzione mondiale, in cui l'URSS diventava il fulcro originario di un'insurrezione popolare che si estendeva oltre i suoi confini. Il Comintern (o Internazionale Comunista) fu creato nel marzo 1919 per riunire i partiti comunisti di tutti i Paesi in un'organizzazione internazionale. Fu guidato dall'URSS, che lo utilizzò per destabilizzare o rovesciare i poteri dominanti. Per tutti gli anni Venti, la dirigenza sovietica osservò i segnali di conflitto tra i Paesi capitalisti che avrebbero potuto portare alla rivoluzione comunista, cercando al contempo di normalizzare le relazioni diplomatiche con questi Paesi per evitare la formazione di un nuovo fronte capitalista contro l'URSS. Nessuna rivoluzione comunista ebbe luogo in Europa occidentale. Così la controffensiva lanciata dall'Armata Rossa alla fine della guerra civile (1920) contro la Polonia, che aveva invaso l'Ucraina, incontrò una grande resistenza patriottica e il dilettantismo strategico di Stalin. Questo fallimento, seguito dai tentativi di rivoluzione comunista in Ungheria (1919), Germania (1921 e 1923), Bulgaria (1923) e Cina (1927), pose fine al sogno della rivoluzione mondiale. Infine, la crisi economica del 1929 non favorì l'anticapitalismo e l'ascesa del comunismo, ma piuttosto l'ascesa di movimenti nazionalisti o fascisti.

Stalin, che non credeva nella rivoluzione mondiale e ne temeva addirittura le conseguenze, era convinto che gli interessi dello Stato sovietico dovessero avere la precedenza su quelli del movimento comunista internazionale. Dal 1928 prevalse la sua dottrina di "costruire il socialismo in un solo Paese". Fino al 1933, l'URSS si concentrò sulla lotta contro i partiti socialdemocratici europei, considerati troppo moderati e quindi devianti. Tuttavia, impedendo al Partito comunista e ai socialdemocratici tedeschi di riunirsi, la dottrina staliniana facilitò l'ascesa al potere del Partito nazionalsocialista di Adolf Hitler.

Consapevole del pericolo, la politica estera sovietica fece un'inversione di rotta e si avvicinò alle democrazie occidentali, pur calmando la Germania per evitare lo scoppio di un confronto armato che non avrebbe potuto sostenere. Favorì inoltre l'unione dei movimenti di sinistra per bloccare la strada al fascismo. Nel 1936, questi Fronti Popolari ottennero vittorie elettorali, in particolare in Spagna, dove un tentativo di colpo di Stato militare, in risposta alla vittoria della sinistra spagnola, portò alla presa del potere da parte del generale Franco (1892-1975) dopo tre anni di guerra civile, nonostante l'aiuto discreto fornito dall'URSS al campo repubblicano. In risposta, il Giappone e la Germania, a cui si aggiunsero in seguito l'Italia, l'Ungheria e la Spagna, firmarono il Patto Anti-Komintern nel 1936, concretizzando la paura dell'accerchiamento capitalistico che era stata a lungo propagandata dall'Unione Sovietica.

LA SECONDA GUERRA MONDIALE

Dopo molte esitazioni, l'URSS scelse di allearsi con la Germania piuttosto che con le democrazie occidentali. Fu un'alleanza di circostanza, puramente pragmatica, che permise a quest'ultima di invadere la Polonia il 1° settembre 1939 senza temere l'intervento sovietico. Due giorni dopo, Gran Bretagna e Francia dichiararono guerra alla Germania. Il 17 settembre l'URSS invase la Polonia, con la quale aveva vecchi conti da regolare. A poco a poco la guerra si diffuse.

I tedeschi ottennero alcuni successi lampo sul fronte occidentale (in Polonia, Danimarca, Paesi Bassi, Belgio e Francia) fino al giugno 1940, il che permise loro di considerare l'idea di espandersi verso est. Il 21 giugno 1941 la Germania invase l'URSS, rompendo così il patto tra i due Paesi. A dicembre, gli americani si unirono agli Alleati dopo che il Giappone attaccò la loro base navale di Pearl Harbor. Da quel momento in poi, i sovietici, gli inglesi e gli americani si incontrarono più volte per decidere le strategie per continuare la guerra: a Mosca (agosto 1942), a Teheran (novembre 1943), a Yalta (febbraio 1945) e a Potsdam (luglio 1945).

Dall'estate del 1942, i tedeschi persero sempre più terreno in territorio sovietico. Il 6 giugno 1944, lo sbarco in Normandia aprì un secondo fronte a ovest. L'avanzata congiunta delle truppe alleate e sovietiche colse la Germania in una manovra a tenaglia, che capitolò l'8 maggio 1945, ponendo fine alla guerra in Europa. I bombardamenti atomici di Hiroshima e Nagasaki nell'agosto 1945 portarono alla resa del Giappone il 2 settembre 1945 e alla fine del conflitto mondiale.

PUNTI SALIENTI

DA LENIN A STALIN: LA PRESA DEL POTERE

Durante la guerra civile (1918-1922), Stalin fu uno strettissimo collaboratore di Lenin, che lo apprezzava per la sua incrollabile determinazione e spregiudicatezza nell'azione. Negli anni successivi mantenne la sua fiducia in lui, tanto che nel 1922 Stalin fu nominato Segretario generale del partito, carica che avrebbe ricoperto per 30 anni. Il rapporto tra i due uomini non fu tuttavia privo di conflitti e Lenin non si fece molte illusioni sul suo protetto, che nel suo testamento politico definì troppo brutale, tanto da raccomandare al partito di licenziarlo. Quando Lenin morì, il 21 gennaio 1924, lasciò un posto libero ai vertici dello Stato per chi fosse in grado di coglierlo.

Nella battaglia tattica che seguì, Stalin si dimostrò il più abile e riuscì a eliminare uno a uno i candidati alla successione. Per diversi anni, aveva piazzato i suoi uomini nelle posizioni più importanti per controllare gli organi strategici e i posti di potere essenziali. Si alleò dapprima con Zinoviev (1883-1936) e Kamenev (1883-1936) contro Trotsky, prima di rivoltarsi contro di loro. Per stabilire la sua legittimità, si assicurò di essere sulla stessa linea ideologica di Lenin e non esitò a presentarsi come il suo "miglior discepolo". Proponendo poche e semplici idee e facendo passare altre correnti di pensiero come deviazioni che minacciavano l'unità del partito, riuscì a incarnare l'erede del defunto maestro, nel quale i militanti di origine popolare si riconoscevano.

Il grande perdente

Trotsky fu il grande sconfitto nella battaglia per la successione a Lenin e rimase l'eterno rivale di Stalin. Rivoluzionario precoce e grande teorico del marxismo, svolse un ruolo decisivo nella guerra civile creando e organizzando l'Armata Rossa. Era considerato il successore di Lenin, ma si rese conto troppo tardi del pericolo rappresentato da Stalin. Espulso dall'URSS nel 1919, non smise mai di denunciare la politica di Stalin e l'abbandono della rivoluzione mondiale durante il suo esilio, che lo portò in Turchia, Francia e Norvegia e poi, dal 1937 in poi, in Messico, dove un agente di Stalin lo trovò e lo assassinò tre anni dopo.

L'instaurazione della dittatura

Stalin si circondò di un gruppo di collaboratori fedeli a lui e alle sue idee. I quadri del partito furono così profondamente rinnovati tra il 1920 e il 1930, al fine di eliminare la prima generazione del bolscevismo più legata a Lenin. Promosse invece uomini nuovi, senza riferimenti al passato, che gli dovevano tutto e gli erano totalmente devoti. In questo modo concentrò sempre più potere con il pretesto di una necessaria centralizzazione: lo Stato ora funzionava in base alle decisioni di un piccolo gruppo di persone, che le prendevano informalmente in piccoli comitati.

Il suo potere personale fu accompagnato da un'intensa propaganda, espressa attraverso manifesti, giornali, trasmissioni radiofoniche e televisive. Tutti gli intellettuali furono chiamati a servire il nuovo regime. La propaganda si preoccupò anche di trasmettere il culto della personalità di Stalin, riscrivendo la sua biografia e i libri di storia per attribuirgli un ruolo importante nella dissidenza clandestina e nella rivoluzione. Si concentrò inoltre sull'evidenziare i grandi risultati per nascondere la miseria, gli sprechi e gli abusi di potere che affliggevano l'URSS, mostrando il mondo non come era, ma come dovrebbe essere in uno Stato socialista ideale. La propaganda fu diretta anche all'estero per promuovere il modello sovietico: mentre i Paesi capitalisti erano duramente colpiti dalla crisi del 1929, furono allestite fattorie e fabbriche modello appositamente per le delegazioni straniere in visita.

Infine, poiché la religione era vista come un'ideologia rivale, le chiese furono chiuse, trasformate in magazzini o garage e i monasteri saccheggiati. La grande Cattedrale di Cristo Salvatore a Mosca fu addirittura fatta saltare in aria il 5 dicembre 1931 e le feste religiose furono abolite. Furono quindi creati dei festival sovietici per scandire la vita quotidiana.

Lo sapevate?

Come simbolo dell'eccessività del culto della personalità, sulla cima dell'Elbrus, la vetta più alta del Caucaso, fu eretta un'enorme statua di Stalin con la scritta: "Sulla vetta più alta d'Europa abbiamo eretto il busto del più grande uomo di tutti i tempi"!

INDUSTRIALIZZAZIONE ACCELERATA

Partendo dalla constatazione che la Russia era tecnologicamente molto arretrata rispetto ai Paesi dell'Europa occidentale, Stalin decise di fare dell'URSS una grande potenza industriale e militare. A tal fine, fece inquadrare lo sviluppo industriale in un sistema di pianificazione centralizzato: i piani quinquennali, che definivano gli obiettivi da raggiungere in termini di produzione nell'arco di cinque anni. Il primo piano, lanciato nel 1928, dava priorità all'industria pesante e alle infrastrutture. Il numero sempre crescente di lavoratori era mal pagato e sottoposto a forti pressioni per raggiungere gli obiettivi molto ambiziosi fissati dai piani.

LO SAPEVATE?

Per aumentare la produttività e incoraggiare i lavoratori ad aumentare il ritmo di lavoro, il regime introdusse piccole ricompense (bonus, forniture migliori). A partire dal 1935, mise in risalto le prestazioni di Alexseï Stakhanov (1905-1977), un minatore di carbone che estraeva 14 volte più della norma, per creare emulazione e promuovere i lavoratori shock: è la nascita dello stakhanovismo.

La crescita industriale fu impressionante e mostrò un forte aumento della produzione di materie prime (acciaio, carbone ed elettricità). Furono lanciati grandi progetti, esempio di una modernizzazione accelerata del Paese. Tra i fiori all'occhiello del regime c'erano le fabbriche di trattori e automobili, i complessi siderurgici, la diga idroelettrica del Dnieper e la metropolitana di Mosca, la cui prima linea fu inaugurata nel 1935. Scavata abbastanza in profondità da servire da rifugio in caso di guerra, questa vetrina del socialismo è decorata come un palazzo sotterraneo.

COLLETTIVIZZAZIONE FORZATA DELLE CAMPAGNE

Negli anni Venti, la Russia era prevalentemente agricola: l'80% della popolazione era costituita da contadini che si opponevano alla collettivizzazione, preferendo una distribuzione equa della terra e una riduzione delle tasse. Ciò non impedì a Stalin di avviare la collettivizzazione delle campagne nel novembre 1929 per migliorare l'approvvigionamento delle città. Questa misura prevedeva il raggruppamento dei contadini in kolkhoz (aziende agricole a statuto cooperativo) o sovkhoz (aziende agricole statali) e l'eliminazione di una classe sociale, i kulaki (i contadini più ricchi), che furono espropriati e deportati in regioni inospitali o in campi di lavoro. I kolchozi non potevano lasciare il loro villaggio senza permesso ed erano sottoposti a molteplici lavori di fatica (abbattimento di legna, costruzione di strade, ecc.). Disillusi, si limitano a lavorare la terra che non gli appartiene più e i cui raccolti vengono acquistati dallo

Stato a prezzi troppo bassi per consentire loro di vivere. La poca produzione che c'era veniva requisita dallo Stato per riempire i piani di consegna, causando carestie e fame nelle campagne. La resistenza di massa alla collettivizzazione e le rivolte armate che essa provocò sono accuratamente ignorate dalla storia ufficiale.

Nel 1935 la collettivizzazione era considerata completa, ma poteva essere sostenuta solo con concessioni: piccoli appezzamenti di terra individuali furono dati ai contadini per provvedere alle loro necessità e furono creati privilegi materiali e onorifici per stimolarli.

GOVERNARE CON IL TERRORE

La Cheka, una forza di polizia politica creata nel 1917 per combattere la controrivoluzione, fu sostituita nel 1934 dall'NKVD, il Commissariato del Popolo per gli Affari Interni, che a sua volta divenne il KGB (Comitato per la Sicurezza dello Stato) dopo la morte di Stalin. Promosso a capo dell'NKVD nel 1938, Lavrenti Beria (1899-1953) divenne il braccio destro di Stalin e il principale esecutore della sua politica del terrore.

Nel sistema staliniano, l'obiettivo del terrore era di combattere ogni tipo di opposizione: spie straniere, complottisti, presunti oppositori, ma anche dirigenti politici, economici o militari che si supponeva fossero responsabili delle difficoltà incontrate nell'attuazione di nuove misure. Tutti erano presi di mira, e per una buona ragione! La marcia verso il socialismo aveva bisogno di capri espiatori per spiegare i suoi fallimenti. Stalin arrivò persino a stabilire quote di deportazione e di esecuzione che venivano riempite di accuse immaginarie. Inoltre, il sistema incoraggiava la delazione e costringeva i cittadini a vivere nella paura e nella menzogna: la presunzione di colpevolezza regnava sovrana e ognuno diventava un potenziale sospettato.

Il Grande Terrore (una massiccia operazione di repressione tra il 1936 e il 1938) fu l'occasione per i processi che portarono alla condanna dei principali leader bolscevichi che si opponevano a Stalin (tra cui Zinoviev e Kamenev). Per accusarli, tutto era permesso: dalla falsificazione delle prove all'uso della tortura. Nel 1937-1938, le purghe si estesero all'esercito, motivate dalla paranoia nei confronti degli ex ufficiali zaristi. I principali generali e molti ufficiali e soldati furono arrestati. Nel giro di poco tempo, l'esercito perse quasi 40.000 ufficiali.

Negli ultimi anni del regno di Stalin, la caccia alle influenze straniere prese una piega antisemita. Migliaia di ebrei furono arrestati o licenziati con l'accusa di attività anti-russa o filo-imperialista. Nel gennaio 1953, un gruppo di medici ebrei fu accusato di aver tentato ingiustamente di avvelenare i leader sovietici: fu l'affare dei camici bianchi, il probabile inizio di nuove grandi purghe, interrotte dalla morte del dittatore.

I CAMPI DI LAVORO

Il Gulag (o amministrazione del campo principale) fu istituito negli anni '30 per decisione di Stalin. Si trattava di una rete di campi di lavoro forzato dove i prigionieri, presumibilmente "rieducati" attraverso il lavoro, venivano sfruttati come schiavi. Furono utilizzati come manodopera gratuita per sfruttare le risorse naturali delle regioni inospitali e per garantire lo sviluppo del nuovo Stato socialista. Mentre alcuni erano prigionieri politici, la maggior parte eranvo cittadini comuni, penalizzati in modo sproporzionato per piccoli furti. Lavoravano nello sfruttamento di minerali, legno, carbone, nella costruzione di strade, canali o ferrovie.

STALIN CONTRO HITLER: LA "GRANDE GUERRA PATRIOTTICA"

Il 23 agosto 1939 i tedeschi e i sovietici firmarono un patto di non aggressione, comprendente un protocollo segreto che riconosceva una zona di influenza sovietica nell'Europa orientale. Stalin vide in ciò un'opportunità per deviare le mire imperialiste della Germania verso l'Europa occidentale e per prendere in considerazione l'espansione nell'Europa orientale o, in caso contrario, che ne sarebbe derivata una rivoluzione bolscevica. Ma la mattina del 22 giugno 1941 la Germania violò il patto: fu lanciata l'Operazione Barbarossa, una delle più grandi operazioni militari della storia, con l'obiettivo di annientare, attraverso una guerra lampo, il giudeo-bolscevismo che affliggeva l'URSS e coloro che essa considerava "subumani slavi".

Tra il 1941 e il 1942, l'esercito sovietico subì terribili disastri e le perdite furono pesanti. Convinto che la Germania non avrebbe osato affrontare l'URSS da sola, Stalin ignorò i numerosi segnali di allarme e i rapporti delle spie che indicavano l'imminenza di un attacco. L'esercito sovietico era scarsamente equipaggiato, totalmente disorganizzato dalle purghe e guidato da ufficiali inesperti. Stalin, che non aveva alcuna formazione militare, si rifiutò di prendere in considerazione i consigli degli esperti, diede ordini inapplicabili e prese una decisione sbagliata dopo l'altra. In particolare, vietò le ritirate e ordinò agli uomini di combattere fino all'ultimo respiro, pena la fucilazione. I tedeschi, che erano molto più preparati, causarono molte vittime e un numero altrettanto elevato di prigionieri. I generali considerati responsabili della disfatta sovietica furono arrestati e giustiziati con il pretesto del tradimento.

Dal 4 settembre 1941 l'esercito tedesco assediò Leningrado. Il blocco della città durò fino al 27 gennaio 1944, cioè quasi 900 giorni, e provocò non meno di un milione di morti. Il mese successivo, l'operazione "Tifone" permise ai tedeschi di arrivare a poche decine di chilometri da Mosca, scatenando il panico. Mentre parte dell'amministrazione fu evacuata, Stalin decise di rimanere per incoraggiare la resistenza. Alla fine, l'esaurimento delle truppe tedesche, le difficoltà di approvvigionamento e la durezza dell'inverno russo permisero alla controffensiva sovietica di respingerle per oltre cento chilometri.

Città con nomi multipli

La città di San Pietroburgo fu ribattezzata Pietrogrado all'inizio della Prima Guerra Mondiale per attenuare il suono germanico del suo nome. Divenne Leningrado nel 1924, dopo la morte di Lenin, e riacquistò il suo nome originale dopo la caduta dell'URSS nel 1991. Allo stesso modo, Tsaritsyn, la città dove Stalin aveva organizzato la resistenza all'Armata Bianca, divenne Stalingrado nel 1925. Fu ribattezzata Volgograd nel 1961.

Nella primavera del 1942, i tedeschi lanciarono l'operazione "Fall Blau" che mirava ad attaccare il sud dell'URSS e Stalingrado, un punto cruciale per i rifornimenti di petrolio e la navigazione fluviale. Dalla fine di agosto del 1942 al gennaio del 1943, la battaglia di Stalingrado causò perdite fenomenali da entrambe le parti. I sovietici, consapevoli dell'importanza vitale della città, opposero una resistenza feroce che i tedeschi non si aspettavano. La sua liberazione fu la prima grande sconfitta di Hitler e segnò una nuova svolta nella guerra. Da quel momento in poi, i tedeschi continuarono a ritirarsi fino alla vittoria finale. Kiev fu riconquistata il 6 novembre 1943 e l'Operazione Bagration, lanciata dai sovietici il 22 giugno 1944 dopo lo sbarco in Normandia, colse di sorpresa l'esercito tedesco e permise di proseguire l'avanzata in Europa orientale.

LA DIVISIONE TRA DUE MONDI

Con la certezza della vittoria finale, l'alleanza di circostanza tra comunisti e capitalisti cominciò a rilassarsi. Con la liberazione dei territori dell'Europa orientale, Stalin insediò al potere i suoi sostenitori. Questo fu il caso della Polonia, poi della Jugoslavia, dove il maresciallo Tito (1892-1980) prese il potere con l'aiuto dei sovietici. Anche la Romania, l'Ungheria, la Bulgaria e l'Albania divennero Stati satelliti dell'URSS, a cui si aggiunse nel 1948 la Cecoslovacchia: si formò il blocco orientale.

La conquista di Berlino prima degli altri era l'obiettivo principale degli ultimi mesi di guerra. Il 30 aprile 1945, le truppe del maresciallo Zhukov (1896-1974) piantarono finalmente la bandiera sovietica in cima al Reichstag (camera legislativa tedesca). La Germania, che capitolò il 7 maggio, fu poi divisa dai vincitori in diverse zone di occupazione. Dal 24 giugno 1948, Stalin istituì un blocco di Berlino Ovest - occupata dagli Alleati ma racchiusa nella zona di occupazione sovietica - nel tentativo di inglobarla. Gli Alleati reagirono immediatamente con un ponte aereo, costringendo Stalin a togliere il blocco il 12 maggio 1949.

I numerosi tentativi di intimidazione sovietica portarono alla formazione nel 1949 della NATO (Organizzazione del Trattato dell'Atlantico del Nord), un organismo militare difensivo tra i Paesi dell'Europa occidentale e del Nord America. La minaccia era reale e aveva spinto gli Stati Uniti, due anni prima, a combattere l'avanzata comunista con la Dottrina Truman. Sul territorio americano, il senatore McCarthy (1908-1957) lanciò una vera e propria caccia alle streghe contro chiunque fosse sospettato di simpatie comuniste.

Il conflitto ideologico si estese ad altri continenti: Stalin firmò un trattato di alleanza con la neonata Repubblica Popolare Cinese e fornì armi al dittatore nordcoreano Kim Il-Sung (1912-1994) per invadere il Sud, provocando la Guerra di Corea (1950-1953), che si concluse con uno status quo e la spartizione a lungo termine del Paese.

IMPATTI

UNA SOCIETÀ DELLA SCARSITÀ

I piani quinquennali attuati durante la dittatura di Stalin favorirono la produzione di beni capitali a scapito dei beni di consumo, creando una società della scarsità ben lontana dalla società dell'abbondanza promessa dal socialismo. Le gravi carenze alimentari causate dalla collettivizzazione resero necessaria l'introduzione di un sistema di razionamento dei generi di prima necessità e dei beni di consumo quotidiano, che rimase in vigore dal 1930 al 1935 e poi dal 1940 al 1947. Solo 40 anni dopo si raggiunse il livello di consumo alimentare del 1913, mentre il tenore di vita nelle campagne non fu mai migliorato. La situazione fu altrettanto critica nelle città, dove gli alloggi scarseggiavano.

Se da un lato Stalin voleva dare una svolta al suo Paese, dall'altro i piani quinquennali e i loro obiettivi molto ambiziosi, persino irraggiungibili, interruppero in parte la produzione. Molti progetti dovettero essere interrotti prima del completamento o furono affrettati per rispettare le scadenze. D'altra parte, l'enfasi sull'industria pesante e sull'industria bellica si rivelò decisiva durante la Seconda Guerra Mondiale, anche se l'URSS rimase dipendente dalle forniture alleate di materiali bellici.

UN TRIBUTO UMANO SPAVENTOSO

Tra il 1930 e il 1953, quasi un milione di condanne a morte per controrivoluzionari, "nemici del popolo" o "elementi socialmente dannosi" furono eseguite in totale segretezza. Si stima che più di sette milioni di persone furono deportate e che tra i 15 e i 20 milioni di persone trascorsero un periodo nei campi Gulag.

Le misure adottate contro i contadini causarono danni umani inimmaginabili. Due milioni e mezzo di contadini furono deportati, centinaia di migliaia morirono durante la deportazione e altrettanti furono inviati nei campi di lavoro. Nelle campagne, la collettivizzazione e la requisizione sproporzionata di prodotti alimentari portarono a grandi carestie (in particolare nel 1932-33 e nel 1946-47). Nel 1933, Stalin condannò consapevolmente sei milioni di contadini a morire di fame in Ucraina. Si trattò di uno dei più grandi massacri del secolo, ignorato in Occidente e insabbiato in URSS.

La Seconda guerra mondiale ebbe un costo umano ancora più alto in URSS, con quasi 26 milioni di morti, in parte a causa dello scarso valore attribuito alla vita umana dal regime staliniano e delle deplorevoli scelte tattiche di Stalin. La guerra portò con sé anche la sua parte di deportazioni, che riguardarono in particolare alcuni abitanti dei territori liberati, giudicati contaminati dal capitalismo, le élite e i nazionalisti delle popolazioni di confine in via di sovietizzazione (Paesi baltici e Ucraina), nonché le nazionalità "sospettate" o accusate – senza fondamento – di collaborazione con l'occupante nazista. Centinaia di migliaia di karachi (un popolo russo che vive nelle regioni montuose del Caucaso centrale), kalmyk (un popolo mongolo che vive principalmente in Russia), ceceni, ingusci (un popolo caucasico della Russia), balcanici (un popolo turco della Russia), ucraini, tatari di Crimea (un popolo turco musulmano) e meskheti (un popolo musulmano) furono inviati in Siberia, Uzbekistan e Kazakistan in giganteschi convogli ferroviari. Anche le loro regioni autonome furono abolite e la loro stessa esistenza cancellata dai documenti ufficiali.

DE-STALINIZZAZIONE E CONTINUITÀ

Nel dopoguerra, Stalin godette del sincero sostegno di una parte della popolazione, che vedeva in lui un generale vittorioso, e i cui giovani poterono lasciarsi trasportare dall'utopico progetto socialista. Questa gloria la dovette soprattutto alla vittoria nella battaglia di Stalingrado e al ruolo svolto nella protezione del Paese. La sua morte fu quindi accolta con angoscia di fronte all'incertezza del futuro e alla paura di nuovi problemi.

Fu Nikita Krusciov (1894-1971), suo vice di lunga data e fedele sostenitore del regime, ad assumere la guida del partito. Tuttavia, nel 1956, durante il XX congresso del partito, criticò a malincuore gli eccessi dell'era stalinista. Ma fu solo quando Mikhail Gorbaciov (1931-2022) salì al potere e introdusse una politica di trasparenza (1985-1991) che la vera portata dei crimini di Stalin fu rivelata al mondo intero. Gli anni successivi alla sua morte furono segnati dalla de-stalinizzazione e da una relativa distensione: metà dei prigionieri dei Gulag furono rilasciati grazie a un'ampia amnistia e il nome di Stalin scomparve dalla stampa. Nel 1961 il suo corpo fu rimosso dal mausoleo sulla Piazza Rossa dove era stato sepolto insieme a Lenin. Anche i luoghi che portano il suo nome sono stati rimossi e le sue statue distrutte.

Attribuendo la colpa di tutti gli eccessi dell'epoca staliniana al dittatore stesso, Kruscev riuscì a salvaguardare l'immagine del partito e il suo dominio e a conservare il potere. I governi successivi seguirono quindi le orme del sistema stalinista, perseguendo le stesse politiche e perpetuando il sistema economico e sociale fino alla caduta dell'URSS. La de-stalinizzazione appare quindi a posteriori come l'inizio dell'incrinatura del sistema sovietico.

IL COMUNISMO DOPO STALIN

Durante la vita di Stalin, l'opinione pubblica occidentale fu ampiamente fuorviata dalla propaganda sovietica. Molti intellettuali si schierarono a favore del comunismo staliniano e ne ammirarono il modello economico, che appariva davvero credibile senza conoscere la realtà sul campo.

Il rapporto di Kruscev, sebbene molto parziale, fu quindi uno shock, che scosse seriamente l'ideologia comunista e mise bruscamente fine al sogno di una società più giusta e felice. Di conseguenza, i comunisti si divisero e alcuni partiti nazionali iniziarono a cercare una propria via d'uscita dal controllo di Mosca. Dopo l'esplosione della prima bomba atomica in Kazakistan nel 1949, l'URSS smise di essere vista come il portabandiera di una rivoluzione sociale volta a costruire un mondo migliore e fu percepita più come una potenza militare aggressiva.

STALIN E LA RUSSIA DI OGGI

Paradossalmente, Stalin è ancora oggi molto popolare in Russia. Le generazioni che non hanno vissuto il suo regime ricordano soprattutto la vittoria sui nazisti, l'ingresso della Russia nell'era industriale e la creazione di uno Stato potente e riconosciuto a livello internazionale. È anche particolarmente apprezzato da coloro che vivono nella nostalgia dell'URSS. A riprova di ciò, la sua tomba, situata lungo un muro del Cremlino, è sempre in fiore.

La popolarità di Stalin si basa infatti su una visione selettiva e idealizzata del passato, in parte sviluppata come risultato della delusione per i governi contemporanei. È anche legato all'ammirazione per l'uomo forte e alla nostalgia per una certa grandezza della Russia. Così, per alcuni russi, la costruzione di uno Stato forte e l'orgoglio nazionale possono in parte giustificare gli orrori del terrore. Questo passato sovietico è stato riabilitato da Vladimir Putin (statista russo, nato nel 1952) per creare una continuità storica tra l'URSS e l'attuale Stato russo, che ha ereditato molte delle sue caratteristiche da questi due periodi (onnipresenza della polizia segreta, uso della violenza contro gli oppositori, diffidenza verso i presunti agenti dell'Occidente, ecc.). L'ombra di Stalin incombe ancora sulla Russia.

IN SINTESI

- Nato in una famiglia molto modesta del Caucaso, Stalin divenne noto per il suo coinvolgimento nel movimento socialista contro il regime zarista. Divenne membro del governo dopo la rivoluzione e prese il potere dopo la morte di Lenin grazie al suo opportunismo, al suo senso tattico e alla sua mancanza di scrupoli.
- Per quasi 30 anni governò l'URSS con il pugno di ferro. Instaurò un regime totalitario, rifiutando qualsiasi delega di potere e ricorrendo al terrore politico per garantirne la permanenza (esecuzioni arbitrarie, deportazioni di massa, carestie organizzate).
- Stalin, l'autoproclamato successore di Lenin, era guidato tanto dall'ideologia rivoluzionaria quanto dal richiamo del potere. Sebbene le sue politiche fossero in linea con le idee marxiste, la sua pratica politica diede origine a un particolare sistema globale oggi definito stalinismo.
- Attraverso un'economia pianificata centralmente, raggiunse l'obiettivo di fare del suo Paese una grande potenza industriale e militare. I grandi risultati sono stati glorificati dalla propaganda per mostrare la grandezza del Paese e il successo dell'ideologia comunista, sia all'interno che all'esterno del Paese.
- La riforma agraria, che avrebbe dovuto nutrire meglio la popolazione e produrre contadini prosperi, fu realizzata al termine di una prova di forza contro i contadini e al

prezzo di una terribile carestia. Inoltre, le misure messe in atto resero i nuovi kolkhozer contadini senza alcun diritto o prospettiva.

- Ma accanto alle grandi conquiste industriali e militari, l'URSS vide il suo popolo cadere in miseria. La realtà era ben lontana dall'ideale promesso da Stalin e proclamato dalla propaganda.
- Quando scoppiò la Seconda guerra mondiale, Stalin pensava di essere protetto dal patto di non aggressione con la Germania. Di conseguenza, quando le truppe del Führer penetrarono nelle sue terre, fu completamente sorpreso. Solo le immense risorse umane e materiali dell'URSS le permisero di risanare la situazione. Sebbene la vittoria fosse stata ottenuta nonostante Stalin e non grazie a lui, la sua immagine ne uscì rafforzata sia all'interno che all'esterno dello Stato.
- Sebbene gli Alleati e i russi avessero combattuto insieme, la loro alleanza durò poco e, non appena l'Armata Rossa liberò i Paesi dell'Europa orientale, Stalin colse l'occasione per estendere la sfera d'influenza sovietica a mezza Europa. Comunisti e capitalisti si sarebbero contesi il resto del mondo per quasi 40 anni.
- Alla sua morte, Stalin fu cautamente salutato nei Paesi non comunisti come il vincitore del nazismo. Sebbene i suoi successori al potere siano stati critici, la vera portata dei suoi crimini è stata rivelata solo dopo la caduta dell'URSS. Il periodo successivo fu segnato dalla de-stalinizzazione e da una relativa distensione, ma presto si instaurò un nuovo regime autoritario.

PER ANDARE OLTRE

FONTI BIBLIOGRAFICHE

BOURDIER (Florian), “Georgia: le statue della discordia (stalinista)”, in *L’Express*, 5 marzo 2013.

FEDOROVSKI (Vladimir), *Il fantasma di Stalin*, Monaco, Éditions du Rocher, 2007.

GROSSET (Mark) e WERTH (Nicolas), *Les années Staline*, Paris, Hachette, 2007.

HUSSON (Édouard), MARIE (Jean-Jacques), WERTH (Nicolas), NEUMANN (Laurent) e BUFFET (Cyril), “Hitler-Staline: la guerre à mort”, in *L’Histoire*, n° 252, marzo 2001, pp. 31-55.

KERSAUDY (François), *Stalin*, Parigi, Perrin, 2012.

KING (David), *Sotto il segno della stella rossa. Storia visiva dell’Unione Sovietica da febbraio 1917 alla morte di Stalin*, Parigi, Gallimard, 2009.

MARIE (Jean-Jacques), *Staline, naissance d’un destin*, Paris, Éditions Autrement, 1998.

MARIE (Jean-Jacques), *Staline*, Parigi, Fayard, 2001.

SEBAG MONTEFIORE (Simon), *Stalin, la cour du tsar rouge*, Parigi, Éditions des Syrtes, 2005.

SEBAG MONTEFIORE (Simon), *Il giovane Stalin*, Parigi, Calmann- Lévy, 2008.

SERVICE (Robert), *Stalin*, Parigi, Perrin, 2013.

“Stalin, 50 ans après: ce qu’il fut, ce qu’il fait et ce qu’il en reste”, in Le *Monde*, supplemento del 26 febbraio 2003.

WERTH (Nicolas), MARIE (Jean-Jacques), COURTOIS (Stéphane) e WINOCK (Michel), "La mort de Staline", in *L'Histoire*, febbraio 2003, n. 273, pp. 31-59.

FONTI AGGIUNTIVE

APPELBAUM (Anne), *Gulag, una storia*, Parigi, Grasset, 2005.

CARRÈRE D'ENCAUSSE (Hélène), *Staline, l'ordre par la terreur*, Paris, Flammarion, 1979.

FERRO (Marc), *Naissance et effondrement du régime communiste en Russie*, Paris, Librairie générale française, 1997.

FIGES (Orlando), *Les chuchoteurs*. Vivre et survivre sous Staline, Paris, Denoël, 2009.

FURET (François), *Le passé d'une illusion. Essai sur l'idée communiste au XXe siècle*, Paris, Le Livre de Poche, 1995.

VAKSBERG (Arkadi), *Stalin e gli ebrei*, Parigi, Robert Laffont, 2003.

VOLKOFF (Vladimir), *La trinità del male, ou réquisitoire pour servir au procès posthume de Lénine, Trotsky, Staline*, Lausanne, L'Âge d'homme, 1991.

WERTH (Alexander), *Leningrado*, 1943, Parigi, Tallandier, 2010.

WERTH (Nicolas), *La vita quotidiana dei contadini russi dalla rivoluzione alla collettivizzazione*, Paris, Hachette, 1984.

WERTH (Nicolas), *Histoire de l'Union soviétique*, Paris, Presses universitaires de France, 1990.

FONTE ICONOGRAFICA

Winston Churchill, Franklin D. Roosevelt e Stalin alla Conferenza di Yalta. La foto riprodotta è ritenuta priva di copyright.

DOCUMENTARI

Trapped by Stalin, documentario di Nicolas Jallot e Xavier Deleu, Francia, 2003.

Stalin, il regno del terrore, documentario di Tony Bulley, Gran Bretagna, 2003.

Stalin, le tyran rouge, documentario di Mathieu Schwartz, Serge de Sampigny e Yvan Demeulandre, Francia, 2007.

Hitler e Stalin, la diagonale dell'odio, documentario di Ullrich H. Kasten e Hans-Dieter Schütt, Germania-Francia-Italia, 2008.

Le Dernier Complot de Staline, documentario di Philippe Saada, Francia, 2009.

Stalin-Molotov: il tiranno e il suo doppio, documentario di Ullrich H. Kasten, Germania, 2010.

Les Enfants du Goulag, documentario di Romain Icard, Francia, 2011.

Birobidjan, Birobidjan! documentario di Marek Halter, Francia, 2012.

Comment nous avons construit le métro de Moscou, documentario di Xavier Villetard e Anne Brunswick, Francia, 2013.

The Shadow of Stalin, documentario di Thomas Johnson e Marie Brunet-Debaine, Finlandia-Francia, 2013.

Ritorno a Stalingrado, documentario di Vladimir Vasak, Liza Zamyslova e Sébastien Guisset, Francia, 2013.

Holodomor, il genocidio dimenticato, documentario di Bénédicte Banet, Francia, 2014.

LETTERATURA

GIDE (André), *Retour d'URSS*, seguito da *Retouches à mon Retour de l'URSS*, 1937.

GROSSMAN (Vassili), *Diario di guerra. Da Mosca a Berlino*, 1941-1945.

KOESTLER (Arthur), *Lo zero e l'infinito*, 1945.

KRAVCHENKO (Victor), *Ho scelto la libertà*, 1947.

DOUDINTSEV (Vladimir), *L'uomo non vive di solo pane*, 1957.

SOLJENITSYNE (Alexander), *Un giorno di Ivan Denissovich*, 1962.

BULGAKOV (Mikhail), *Il Maestro e Margherita*, 1968.

SOLJENITSYNE (Alexander), *Arcipelago Gulag*, 1974.

DOMBROVSKI (Yuri), *La facoltà dell'inutile*, 1978.

GROSSMAN (Vassili), *Per una giusta causa, 2000*, seguito da *Vita e destino*, 1980.

CHALAMOV (Varlan), *Storie della Kolyma*, 1980-1982.

ORWELL (George), *La fattoria degli animali*, 1981.

GORENSTEIN (Friedrich), *Compagnons de route*, 1988.

RYBAKOV (Anatoli), *I figli dell'Arbat*, 1988.

PRISTAVKIN (Anatoly), *Una nuvoletta d'oro sul Caucaso*, 1989.

MATTHEWS (Owen), *I figli di Stalin*, 2009.

EDIFICI COMMEMORATIVI

Il Museo di Stalin nella sua casa natale a Gori, in Georgia.

La tomba di Stalin al Cremlino (Mosca).

Il Canale Baltico-Mar Bianco (*Belomorkanal*), il Canale di Mosca e il Canale Don-Volga sono i principali progetti staliniani realizzati dai prigionieri del Gulag (Russia).

La metropolitana di Mosca (Russia).

Le Sette Sorelle di Mosca, una serie di grattacieli staliniani.

Vogliamo sapere da voi!
Lasciate un commento sulla vostra biblioteca online
e condividete i vostri libri preferiti sui social media!

L'editore garantisce l'affidabilità delle informazioni pubblicate, che non possono tuttavia impegnare la sua responsabilità.

Master ISBN: 9782808608435
ISBN cartaceo: 9782808609647
Deposito legale: D/2023/12603/149

Design digitale: Primento,
il partner digitale degli editori.